Die Unschuld des Lehrers

2

Mayu Shinjo

No.

Date

Inhalt

Was bisher geschah

Mathematiklehrer Nagisa Mamiya wird tagein, tagaus von seinen frechen Schülern aufgezogen, bis das Schüler-Genie Minato Sakura aus Amerika an die Schule wechselt. Er rettet Mamiya, doch eröffnet ihm gleich darauf, er sei nur an die Schule gewechselt, um mit Mamiya zu schlafen! Und obendrein hat es auch noch der Kollege Tsukioka auf Mamiya abgesehen ...

8. Stunde
Wenn du unbedingt mit einer Frau schlafen willst, stell ich dir eine vor ...
... aber nachdem du deine Jungfräulichkeit verloren hast, schläfst du mit mir ...!
Was?!

Das ist ja wohl selbst-verständ-lich!!
KLAPPER
A... Aber ...
Ich sagte doch, dass ich in dich verliebt bin!!
Du kennst meine Gefühle ganz ge-nau!!
Und trotzdem fragst du mich um Rat, weil du's mit einer Frau treiben willst!!
Äh ...
Aber ich ver-steh dich irgendwie auch.
Schenk deine Jung-fräulichkeit also ruhig einer Frau!!
Dafür bekomme ich deine Unschuld!!

U... Unschuld ?!
Okay ... Jetzt, wo das geklärt wäre, will ich gleich mal meinen Freund anrufen, der sich mit Prostituierten auskennt.
Moment bitte!!
Äh ... Also ... Ich meinte keine Professionel-le ... sondern eine ganz nor-male Frau ...
Wie-so ...?
Ich möchte nicht, dass sie es nur fürs Geld macht. Sie soll mich als Mann se-hen ...
Diese verträum-ten Jung-frauen!!
Was?!
Guter Sex mit einer Frau hat nichts mit Gefühlen zu tun! Es geht rein ums Kör-perliche!
Aha ...

Das heißt ...
... es fühlt sich nicht unbedingt gut an, nur weil sie dich mag.
Aber auch nicht unbedingt schlecht, nur weil sie kein Interesse an dir hat ...
Ach so ...
Jemand Naives wie du braucht eine erfahrene ältere Frau ...
Ich frag mal Kyoka, die kennt sich bestens mit Männern aus ...
....
Mit wem war Minato wohl bisher zusammen und mit wem hat er geschlafen ...?
Er ist sicher total beliebt und hatte schon unzählige Frauen ...
SCHMERZ
Nanu ...? Meine Brust tut weh ...

Ähm ... Fühlt es sich denn gut an, mit einer Frau zu schlafen?
Ja ...
Frauen sind weich, sanft und riechen gut.
Sie anzufassen fühlt sich gut an, und ihre süße Stimme versetzt einen in Ekstase.
SCHMERZ
SCHMERZ
Huch? Schon wieder meine Brust ...
Aber für dich ist es sicher um ein Hundertfaches angenehmer, mit mir zu schlafen ...
Woher nimmst du diese Gewissheit ...?
Das ist keine Gewissheit, sondern eine Tatsache. Ich berufe mich auf das euklidische Axiom!

Ich werde dir später mehr Beweise liefern, als dir lieb ist ...
Vielleicht hab ich einen schlimmen Fehler begangen, mich mit meiner Bitte an ihn zu wenden ...
....
So! Erst mal müssen wir üben!!
Was?! üben?!
Du willst mit einer normalen Frau schlafen, oder? Dann musst du vorher ein paar Techniken lernen.
Dass dein Ding so klein ist, musst du ja irgendwie ausgleichen!
SCHOCK
Jetzt muss er auch noch Salz in die Wunde streuen ...
Stimmt ja ... Minato hat mich ja schon nackt gesehen ...

Alles an mir ...
!!
ZUCK
Nach dem Unterricht bin ich der Lehrer ...
Ich werde dir die richtige Hand-, Bein- und Hüftarbeit antrainieren ...

Lüg-
ner!
Das ist
doch nur ein
Vorwand, um
schmutzige
Dinge zu
treiben!
Und
wenn
schon
...
Du lernst
die Technik
und ich habe
meinen Spaß!
Wir schlagen
zwei Fliegen
mit einer
Klappe!!
Er
übergeht
meinen
Einwand
einfach!!
Mmh!!

Minato ...
Komm schon, mit Zunge! Du hast es echt nicht drauf ...
Ngh ...!
Hah
Hah
Weiter rein ...
Ich kann ...
Mmh ...
Mmh ...!
... nicht so küssen ...
Mamiya!! Bist du da, Mamiya?

Lass das ...! Wir sind in der Schule!!
SCHUBS
KLAPPER
Seid ihr fertig?
Ähm ... Ja, wir sind gerade fertig geworden.
Wenn du so was noch mal machst, wird sich das in deinen Noten niederschlagen!
Verstanden?!
......
Hey, Minato! Hast du vielleicht Lust, in einen Sportklub einzutreten?
Ein Freund von mir ...
Du, sag mal ... Das hab ich mich schon länger gefragt ...

Wie heißt du eigentlich?
......
Ähm ... Yuta Kajiwara ...
Aha ...
Und ...
... warum klebst du so an mir? Warum willst du Dinge über mich wissen?
......
Weil es mich einfach nicht loslässt ...
Was ?!

Was er wohl gerade macht, was er wohl gerade denkt ... darum kreisen meine Gedanken die ganze Zeit.
Hä?
Ob er wohl in jemanden verliebt ist? Ob er wirklich Interesse an Jungs hat ...?
Was ?!
Seit du an unsere Schule gekommen bist, geht mir das nicht mehr aus dem Kopf ... Ich habe immer wieder versucht, meine Gefühle zu unterdrücken ...
... aber wenn ich jetzt mit dir spreche, merke ich, ich kann einfach nicht anders!!
H... Hey, Moment!! Bist du etwa ...?!
Ich bin verliebt!!

In Herrn Mamiya!!
Ich will nicht, dass du ihn mir weg-nimmst ...
......
Mathematiktest Name: Masato Komukai
Das war's ...
Fertig ... Ich hätte keinen Test machen sollen ...

Es ist schon so spät ...
Ich möchte was trinken ... Ein kaltes Bier wäre jetzt genau richtig.
Ich möchte so viele Dinge im Alkohol ertränken.
Manches will ich aber auch nicht vergessen ...
Ich ... bin in dich ...
Ob Minato schon nach Hause gegangen ist ...?
Hey, lass uns den Typen ansprechen!! Er ist allein da!
Meinst du? So gut aussehende Männer haben doch immer Frauen um sich herum!!
Hey!
PATT
Minderjährige dürften doch gar nicht hier sein ...

Du hast doch selbst vorgeschlagen, dass wir uns hier treffen ...
Kicher Kicher
Ach ... hab ich?
Wir hatten viel Spaß zusammen in Amerika ...
Damals warst du noch Mittelschüler, oder? Du hast ganz erwachsen getan ... Jetzt bist du noch attraktiver als damals!
Und? Warum hast du dich seit so langer Zeit wieder bei mir gemeldet?
Hast du etwa Sehnsucht nach meinem Körper?
Kyoka ... Ich frag dich ganz direkt ...
Hast du Interesse an einem 24-jährigen Lehrer, der noch Jungfrau ist?
Was ?!

GÄHN
Gestern Nacht hab ich ein bisschen zu lang gefeiert ...
Mina-to!!
War-te!
Was ist?!
Jetzt komm schon!
Hey ... Zieh nicht so!!
......
Was ist los?! Du hast doch selbst gesagt, dass du in der Schule keine schmutzigen Sachen machen willst ...
Das will ich auch gar nicht!!

Gestern hat mich eine Frau namens Kyoka kontaktiert!!
Sie meinte, du hättest von mir gesprochen ...
Ja, ich hab ihr deine Nummer gegeben ...
Ähm, also ... Sie hat mich für dieses Wochenende zu einem Date eingeladen!!
Das freut mich für dich. Viel Erfolg!
Äh ... also ...
Danke schön!!
Ich weiß zwar nicht, ob ich das sagen sollte ...
Kyoka ist ein richtiger Jungfrauen-Killer. Ich bin mir sicher, selbst du wirst deine Jungfräulichkeit verlieren ...
......

Sie war auch meine Erste ...

!!

Die Frau, mit der Minato zum ersten Mal Sex hatte ...

Ach so ...

Warum nimmt mich das mit ...?

Aber versprich mir eins!

PACK

Versprich mir, dass du dich nicht in sie verliebst!!
Dass es eine rein körperliche Beziehung bleibt ...!
Versprich es mir!!
Minato ...
Kann es sein, dass er Kyoka noch nicht vergessen kann ...?
Keine Sorge. Ich könnte es nie mit dir aufnehmen ...!
Was?!
Mit mir aufnehmen?!
Keine Sorge?!
Auch wenn ich mich in sie verlieben sollte, würde das sowieso unerwidert bleiben ...
Wie?!

Es gibt also keinen Grund zur Sorge!
Hä?
Also dann ...
?
?
?
ZUCK
H... Hey!
Du versteht da was falsch, oder?!
Hä?! Hab ich was Komisches gesagt?!
Ich mochte nur nicht, dass er ...
RASCHEL
……

ZUCK
Yuta ... Du bist da, oder? Komm raus!
......
Was willst du?! Hast du etwa gedacht, ich würde Mamiya was antun ...?
Wenn du ihn so sehr magst, dann schleich nicht um ihn herum, sondern sag es ihm ins Gesicht!
......
Ich verstehe meine Gefühle ja selbst nicht richtig ...
Ich empfinde zum ersten Mal so was für einen Mann ...
Ach so ... Aber du solltest dich lieber beeilen!
In zwei Wochen gehört Mamiya nämlich mir ...
Was ?!

Na ja, viel Glück für diese zwei Wo-chen!
!!
Ach ... So ist das ...!
GRINS
Ihr habt noch gar nicht mit-einander geschla-fen ...
Ich werde mit Mamiya schlafen ...
Das habe ich ihm schon gesagt ...

Mamiya ist in letzter Zeit so geheimnisvoll ...
... deshalb dachten wir alle, ihr hättet es schon heimlich getan ...
Ach so, na klar! Ihr habt noch gar nicht ...
....
Er ist hetero und wurde von Tsukioka angefallen. Er hat sicher ein Trauma davongetragen ...
Das heißt also, wir beide haben die gleichen Chancen!
Von wegen! Da gibt es einen riesengroßen Unterschied!!
PATT
PATT

Ich habe ihn bereits geküsst und an seinen Brustwarzen geleckt!!
Tri-umph
……
Aber ohne seine Einwilligung, oder?
Ah!!
Stimmt …! Ich hab ihn unbewusst genötigt!!
Er hat sich mir noch nie von sich aus genähert …
Also haben wir doch die gleichen Chancen.
……
Noch zwei Wochen, bis ich meine Jungfräulichkeit verliere …

Sie war Minatos erste sexuelle Erfahrung und er kann sie immer noch nicht vergessen ... Warum hat er sie mir vorgestellt? Dachte er, ich könnte sonst niemanden finden ...?
Und wenn ich meine Jungfräulichkeit verloren habe, muss ich mit ihm ...
RAUSCH
Ende des Gedankengangs ...
......
Ach Mann! Ich bin einfach zu dumm! Ich versteh das alles nicht!!
QUIETSCH
Jedenfalls verabschiede ich mich von meiner Jungfräulichkeit! Ich werde mit einer Frau schlafen!!
SCHRECK
WUPP
Was für ein armseliger Körper ... Wie peinlich ...
Wah !!

Wa... Was machst du denn da?!
Ah, Kaji-wara ...
Gut, dass du fragst ...
GRINS
Mein Date ist in zwei Wochen, also muss ich bis dahin meinen Körper in Form bringen ...
....
Ich habe ein Date mit einer Frau!!
Eine Frau, weißt du!!
HI HI HI HI!
Was ?!

ZIEH
Herr Mami-ya!!
Komm doch mit in meinen Boxverein! In zwei Wochen wirst du richtig muskulös sein!!
Wirk-lich?! Super!!
Sehr gern!!
Ja!!
In zwei Wochen wird sich das Blatt komplett wenden!!

No.
Date
Ich habe ihn bereits geküsst und an seinen Brustwarzen geleckt!!
Tri-umph

9. Stunde

Aus dem Weg!!
Ihr da! Ihr stört !!
Was guckst du so?!
Was ist denn mit Yuta los?! In letzter Zeit war er doch ganz ruhig, aber jetzt ist er wieder so drauf ...
Seit Minato aufgetaucht ist, hat er sich total zurückgehalten! Hat sich wie sein Lakai aufgeführt ...
Ich kann mir schon vorstellen, warum. Yuta hatte bis dahin nie eine Schlägerei verloren und galt als unglaublich muskulös und sportlich. Aber dann hat ihn Minato mühelos verprügelt.
Ich hoffe, Yuta rappelt sich wieder auf und rächt sich an Minato!!
Der Typ nervt einfach total!
Er sieht gut aus, ist muskulös, sportlich und dazu auch noch schlau!!

Alles klar? Du siehst wie immer ganz gelassen aus, Minato!
Ob du in zwei Wochen immer noch so ein Gesicht machst?

HA HA HA HA!
....

Damit ist die Stunde für heute beendet.
KLAPPER
KLAPPER
Gute Arbeit ...
... Mamiya ...

Herr Mamiya! Geben Sie uns ein Eis aus?
Spielen wir Tischtennis!
SCHWUPP
Das muss warten!!

KLAPPER

Oh, ich muss mich auch beeilen ...

Gehst du zum Training, Yuta?

Ja!! Ich war schon länger nicht mehr da, deshalb bin ich nicht mehr so gut in Form ...

......

Ciao!!

Boxstudio
Ich werde ab heute hier anfangen! Ich heiße Nagisa Mamiya!!
Okay ... Ich habe schon von Yuta gehört, dass du in zwei Wochen deinen Körper in Form bringen möchtest.
Ja!!
Das wird kein Zuckerschlecken! Stell dich darauf ein, dass du hart trainieren wirst!
Ja!! Ich strenge mich an!!
Bevor wir anfangen, musst du dich dehnen ...
Yuta, hilf ihm!
Ja!!

Sag, wenn es weh tut ...!
Ja.
DRÜCK
Mh!
Du bist ja ziemlich dehnbar!
Als Teenager war das noch viel besser ...!
Dann kann ich wohl noch etwas kräftiger drücken ...
Okay, ich dehne jetzt deine Brust. Leg dich mit dem Rücken längs auf diese Säule ...
So?
J... Ja ...

Ah ...!
Als Nächstes die Arme nach oben ...
Mach dich locker ...!
Mh!
Uwah!! Oh Gott!!
Jetzt nehmen wir die Säule weg und ich dehne deine Beine.
Mmh!
Oh mein Gott!!

Mh!
Ich werd verrückt!!
Ich kann nicht mehr!
Ich dreh gleich durch!!
Ah!
Voll krass!!
Hah
Hah
Hah
Wieso bist du denn außer Atem?
Gute Frage ...
Ah ... Bist du fertig? Als Nächstes machen wir ein leichtes Sparring.
!!

Bitte sei nett zu mir!
War zwar klar, aber ... sein Oberkörper ist nackt!!
Was für eine schmale Hüfte!!
S... Seine Brustwarzen sind pink!!
Wah! Ohne seine Brille ist er ziemlich süß!!
Dass mich ein männlicher Körper so erregt ... Ich bin wirklich in Mamiya ...
Hey, Yuta!! Was trödelst du so rum?! Du bist sein Sparringspartner!!

Das heißt also, du hast dich von Minato schlagen lassen, weil du deine Boxkünste nicht bei einem Streit einsetzen willst ...?
Ja, schon ...
Belassen wir es mal dabei!!
Unglaublich, Yuta!!
Du bist ein richtiger Sportler!!
Ah ... Ja ...
Ich muss aufpassen!!
Yuta ist die Hoffnung unseres Vereins!
Egal, wie sehr ein Anfänger sich anstrengt, niemand schafft es, ihm einen Schlag zu verpassen. Du kannst also ruhig mit voller Kraft zuschlagen ...

Wie könnte ich auch zugeben, dass ich nicht so schnell reagieren konnte, weil ich beim Anblick von Mamiya in Frauenkleidern fast eine Erektion bekommen hätte?!
Aber es war nicht in Ordnung, dass du dich so über mich lustig gemacht hast!!
Da ich ein Mann bin, ist es noch mal gut gegangen ...
... aber so was darfst du nicht wieder machen!!
Ja ...
Tut mir leid ...
BONK
Aufrichtigkeit mag ich!!

Dann bring mir mal das Sparring bei, Trainer Yuto!!
Äh ... ja ...
Es hat Spaß gemacht, Mamiya zu necken ...
Ich wollte ihn in eine peinliche Situation bringen.
Komm! Greif mich an! Ich erklär's dir beim Kämpfen!!
Das war zwar kindisch, aber ich wollte, dass er auf mich aufmerksam wird ...
Okay !!
Wieso merke ich das erst jetzt ...?

Arme runter!!

Ja!

Nachdem du zugeschlagen hast, zurück in Ausgangsstellung!!

Ja!!

Wäre Minato nicht an unsere Schule gekommen, wäre ich mir dieser Gefühle sicher bis zum Abschluss nicht bewusst geworden ...

Hätte Mamiya ihn wie die anderen Schüler behandelt, dann würde ich mich jetzt nicht so fühlen ...

Die Art, wie er ihn anspricht und sich um ihn kümmert, ist irgendwie anders ...

Minato ...

Das ärgert mich total ...! Das heißt wohl, ich bin in ihn verliebt!!

Mist!

POFF

HUST
HUST
Oh, ent-schuldi-ge! Das war zu stark ...
Alles in Ord-nung ...
Als Lehrer ist er eine Niete, aber er ist zu uns schlechten Schülern immer nett und strengt sich an.
Mach weiter.
I... Idiot!! Schau mich nicht an!! Du musst auf die Schulter schauen!!
Ja!
Aber er hat unvermutet viel innere Kraft und zeigt manchmal seine erwachsene, ruhige Seite ...

Was ist los mit mir?! Seit ich weiß, dass ich in ihn verliebt bin, werden meine Gefühle immer stärker!!
Okay!! Das reicht für heute!
HAH
HAH
HAH
Aus anderen Grün-den
HAH
HAH
HAH
TAUMEL
Herr Mami-ya?!

Yuta, du ...

... bist unglaublich ...

BUBUMM

Hey!! Alles in Ordnung?!

Oh Gott, ich wäre fast gekommen ...!

KLACK

Solltest ... du nicht besser duschen ...?
Ah ja, stimmt ...
Ich kann mich nicht mehr kontrollieren ...
PACK

Yu... Yuta?!
Herr Mamiya, ich bin in dich verliebt ...
Ah ...! Was machst ...
Lass das!
Yuta!!

Nein!
Das geht nicht!
Ah ...!
Aah !!
Mamiya, du bist vorne ganz nass ... Spürst du es auch?
Fühlst du es hier auch?
ZUCK
Ah ...!
REIB
REIB
Lass ... Ah!
Nein ...!

Bitte hör auf!
ZITTER
ZITTER
ZITTER
Macht Minato das auch mit dir?
REIB
REIB
Was ... sagst du ...?
Das hier ... machst du zum ersten Mal, oder?
Ah ...! Nicht!
Nein!
Yuta!!
PACK

Vergiss Minato und komm zu mir, Mamiya!!
Aaaaah!
Ah!
WUSCH
WUSCH
Ah!
Yuta!
KLAPPER
KLAPPER
Yuta!
Yuta!!

Yuta!!
Endlich hörst du mich!
Du kannst als Nächstes in die Dusche!
ZUCK
Was habe ich mir da gerade vorgestellt ?!
ERRÖT
SWOOSH
?
Yuta?

QUIETSCH
RAUSCH
Ma-miya ...
Herr Ma-miya ...!
Hah
Hah
Hah
Herr Mami-ya!!
Ich bin gekom-men ... Bei einem Mann ...

Oh Gott, ich will ihn unbedingt ...
November 2014
Su Mo Tu We Th Fr
Noch dreizehn Tage, bis ich mit Mamiya schlafen kann ...
KNÜLL
Halt durch, Minato ...!!
Nur noch ein biss-chen ...

Bis dahin ...
... werde ich ihn nicht mehr anfassen!!
Morgen habe ich sicher Muskelkater ...
An diesem Tag konnte ich tief und fest schlafen, ohne von einem Albtraum von Herrn Tsukioka geplagt zu werden ...
Niemals hätte ich geahnt, dass meine lieben Schüler eine schlaflose Nacht verbrachten ...

No.
Date
Bitte sei nett zu mir!!

10. Stunde

Seiran Privatgymnasium
Au-auau ...
ZITTER
ZITTER
Muskelkater am ganzen Körper ... Jetzt rächt es sich, dass ich so ein Sportmuffel bin ...
Morgen!!
KLATSCH
Au!!
Was denn?! Hast du Muskelkater?
Yuta!!

Heute wird das Training noch härter.
Was?!
Muskeln bauen sich total schnell auf, wenn man sie während eines Muskelkaters weiter beansprucht.
Echt?
Also werden wir sie heute noch stärker belasten.
Uuh ... Alles klar, ich streng mich an!!
Ah, Minato ...
Minato!
Guten Morgen ...
SWOOSH
Nanu? Hat er mich eben ignoriert ...?
Herr Mamiya, wenn der Muskelkater so schlimm ist, kann ich dir im Krankenzimmer Arzneipflaster aufkleben. Das hilft!
Was?! Oh ... Ja, gern.

Warum ignoriert er mich ...?
Entschuldigung ... Herr Honda, sind Sie da?
Ich hätte gern Pflaster ...
Er ist nicht da ... Wahrscheinlich macht er gerade die Runde in der Schule ...
Minato war vorhin im Unterricht auch irgendwie anders ...
....

Er hat mich kein einziges Mal ange- schaut ...
Sonst sieht er mich immer direkt an ...
... bis es mir peinlich wird und ich wegschauen muss ...
Hab ich ihn irgendwie verärgert?
Ob Minato herausgefunden hat, dass ich jetzt trainiere? Ich hatte es ihm aus Scham verheimlicht ...
Aber wieso sollte ihn das ärgern ...?
Oder ist er etwa nicht mehr an mir interessiert ...?
KLAPPER
Ah ... Da bist du, Ma- miya.
Yuta ...
Herr Honda ist nicht da ...
Ja, sieht so aus ...

RASCHEL
Ich kleb dir die Pflaster auf!
Bin ich müde ...
GÄHN
Ich leg mich lieber mal ins Krankenzimmer ...
Krankenzimmer
Ah! Das tut weh!
Beiß die Zähne zusammen!
?
Warum massierst du mich da?!
Fühlt sich doch gut an, oder?
Diese Stimmen ... Das sind Yuta und Mamiya!
Die Muskeln sind ganz hart ...
Ah ...! Nicht da!
Nicht den Finger reinbohren!!
Wenn man das auflockert, wird es später angenehmer!!

Ein ... Ein Notfall!
Was ist los ...? Hast du dir in die Hosen gemacht?
Sind mal wieder die Brötchen beim Kiosk ausverkauft ...?
N... Nein!! Diesmal ist es was anderes!!
Yuta treibt mit Mamiya schmutzige Sachen!!
Was ...?!
Hä?! Was erzählst du denn da?!
Wenn das gelogen ist, macht Yuta dich fertig!!
Die beiden waren allein im Krankenzimmer, und ich habe gehört, wie sie gesagt haben »Das tut weh«, »das fühlt sich gut an« und so weiter ...
Was ?!

Es stimmt, dass Yuta sich oft über Mamiya lustig gemacht hat, aber er meinte, er habe kein Interesse an Männern ...
Wah!! Mamiya ist echt eine Femme fatale!
Aber warum Yuta? Wir dachten doch alle ...
BAMM
....
Mi... Minato ... Kopf hoch!
Der Fettwanst hier zieht immer voreilige Schlüsse ...
Warum tröstet ihr mich?!
Ah, nein ... Also ...
Als das mit Tsukioka war, wurde auch dein Name genannt, deshalb dachten wir, dass da vielleicht was läuft ...
Ich hab doch gesagt, dass ich kein Interesse an Männern habe! Werft mich nicht mit dem perversen Yuta in einen Topf!!

Mich lässt das völlig kalt!!

!!

Das sehen wir aber anders!

KLAPPER

Ah ... Hab ich einen Hunger! Wer geht mit mir zum Kiosk?

KLAPPER
ZERR
Hm ... Den Rest überlasse ich eurer Phanta-sie.
Echt jetzt?!
Du Mistkerl!! Was hast du mit meinem Mamiya ...

Wessen Mamiya? Bring mich nicht zum Lachen!

Du nimmst dir wohl alles mit roher Gewalt, hm?

Was ...?!

Aufhören!!

Was macht ihr denn da?!

Mamiya, hat er dir was angetan ...?!

Lass ihn los, Minato!!

Es ist feige, einen wehrlosen Menschen zu schlagen!!
Yuta, alles in Ord-nung?
Ja ...
......
Ma-miya ...
Hey, Mina-to! Wo willst du hin?!

Mina-
to!!
Was ist das hier überhaupt für ein Aufruhr?!
Wir haben gehört, dass du mit Yuta im Krankenzimmer schmutzige Dinge getrieben hast ...
Und dann ist Minato an die Decke gegangen ...
Was ?!
Sag du's ihm!
Was ...?
Yuta hat mir bloß Pflaster aufgeklebt! An den Stellen, an die ich nicht rankomme!
Hier !!
ぺろり
SCHWUPP
Ach so ...
Wenn ihr euch nicht zusammenreißt, werde ich wirklich sauer ...!

Ich bin vielleicht ein schlechter Lehrer und habe kein Glück bei Frauen ...
... aber ich bin noch nicht so tief gesunken, dass ich mich an einem Schüler vergreifen würde!! Und noch weniger an einem Jungen!!
Ganz sicher?
An einer Mädchenschule wäre ich mir nicht mehr so sicher ...
......
Kannst du schwören, dass du dich nie in einen Schüler verlieben wirst?
Ah ...
DING
DONG
Ich fange jetzt mit dem Unterricht an! Auf eure Plätze!!

Ein Lehrer sollte seine Schüler nicht anlügen.
Ich habe mich immer ernsthaft mit meinen Schülern auseinandergesetzt.
Doch ich bin erwachsen und weiß, wie ich Dinge verbergen kann.
Warum bin ich vorhin Yutas Frage ausgewichen ...?
Warum habe ich nicht klar und deutlich gesagt, dass ich mich nie in einen Schüler verlieben werde ...?
Die von Ihnen gewählte Rufnummer ist zurzeit …
Minato hat sein Handy ausgestellt ...
PIEP
Wo ist er nur hingegangen?

Der etwas einsame Herbsthimmel verabschiedet sich nun zugunsten des winterlichen Firmaments.

Der Sternenhimmel zeichnet sich im Winter insbesondere durch Orion, den Hasen, den großen Hund, den kleinen Hund, das Einhorn, den Stier und die Zwillinge aus.

Um diese Sternbilder ranken sich viele Sagen. Orion ist vom Meeresgott Poseidon …

ドス POFF

ドス POFF

Hey!! Was ist das denn für ein lascher Schlag?! Deine Linke ist zu schwach!

Verstehst du nicht, was ich sage?! Benutz deine Linke!!

………

Deine Linke ist zu schwach, verstanden?!

Ah … Verzeihung. Was haben Sie gerade gesagt …?

Hast du nicht zuge-hört?! Wenn du weiter so abwesend bist, verletzt du dich noch!!
E... Ent-schuldi-gung!
......
PIEP
Weder ein Anruf noch eine Nach-richt ...
Ob Minato seinen Anruf-beantworter nicht abhört ...?
Herr Mami-ya!!
Wollen wir auf dem Heimweg zusam-men was essen gehen? Du hast doch sicher Hunger!
Ah ... Aber es gibt da et-was, das mich beschäf-tigt ...
We-gen Mina-to?
Ja ... Er ist aus dem Klas-senzimmer gestürmt und nicht wiederge-kommen.
So was ist doch schon oft passiert!
Wa-rum immer Mina-to?

KNEIF
Au!
Ich mache das nicht wegen Minato ...
Immer wenn etwas mit meinen Schülern war, habe ich mich um sie gekümmert, so gut ich konnte!
Oder etwa nicht?
Warum benimmst du dich auf einmal so kindisch, Yuta?
Klappe ...
Behandle mich nicht wie ein Kind!!
Du denkst, ich hätte keine Ahnung!!

Du bist unfair!!
Yuta ?!
Hä?!
Wa-rum?
Haaah
Ich versteh das nicht ...
Warum regt er sich so auf?
Was ist nur los ...?
Er ist noch ein Kind ...
Kinder machen mit uns Erwachsenen immer, was sie wollen ...
TUUT
TUUT
Das Telefon scheint angestellt worden zu sein ... Ob Minato abnimmt?
Er ist wohl noch nicht wieder zu Hause ...

PIEP
Ja …?
Er hat abgenommen!!
Ah … Endlich nimmst du ab!!
Du bist nicht wieder zurückgekommen, nachdem du heute aus dem Klassenzimmer gerannt bist …
Sakura
Wo warst du, als du geschwänzt hast?
Das geht dich nichts an …
Falls du eifersüchtig auf Yuta bist, kann ich dich beruhigen. Das war ein Missverständnis. Er hat mir nur Pflaster aufgeklebt …
Wenn du weißt, dass ich eifersüchtig bin, dann stell dich nicht auf Yutas Seite!!
Sakura
Ich möchte alle Schüler gleich behandeln …
Auch wenn du jetzt einen auf Oberlehrer machst, musst du dein Versprechen halten!
Versprechen …?

Dass du mit mir schläfst, wenn du keine Jungfrau mehr bist!!
Ich habe nie so ein Versprechen gegeben!! Das ging alles nur von dir aus …
Und ich weiß ja gar nicht, ob ich wirklich meine Jungfräulichkeit verlieren werde!!
Das hängt auch von der Frau ab!
Willst du nun deine Jungfräulichkeit verlieren, oder nicht?
Natürlich …
Ah …
Verabscheust du mich so sehr …?

Was soll das heißen ?!
Du bist es doch, der mir aus dem Weg geht ...!
Heute Morgen hast du mich einfach ignoriert!!
Das war ...
Im Unterricht hast du mir gar nicht zu-gehört!!
Hey ... Antworte erst mal auf meine Frage ...!
PIEP
Hä? Was ist los?
Hey! Warum legst du einfach auf?!
Mina-to?!

Ma-
miya
?
Warum stehst du vor meinem Haus?
Ah ... Minato ...
Wolltest du mich sehen?
Du hattest Angst, dass ich dich nicht mehr mag und bist zu mir gekom-men?
Nein! Ich bin hier als dein Lehrer ...

Du versuchst immer, deine Gefühle zu verbergen!!
Ich bin so ehrlich mit dir, aber du weichst mir immer aus ...
Immer wenn es dir passt, spielst du den Lehrer ...
Du hast mir nie eine Antwort auf meine Gefühle gegeben!!
Und das nennt sich erwachsen?!
Ich habe keine Antwort auf deine Frage, Minato ...
Dann halt dich von mir fern!!

Wieso rufst du mich so oft an und hinterlässt Nachrichten?!
Und dann tauchst du auch noch hier auf!
Du weißt überhaupt nicht, wie schwer es ist, das zu ertragen ...
Ertragen?!
Ich bilde mir nur wieder etwas ein und werde übermütig ...
Ich bin auf dich versessen wie ein kleines Kind ...
Aber alles geht immer nur von mir aus!!
Egal, wie sehr ich dich will ...
... du willst mich nicht!!

Ich liebe dich ...!
POCH
Egal, wie sehr ich mit dir schlafen will, wenn du mich wirklich ab-weist, werde ich es nicht können ...
Ich weiß selbst, dass dieses Ver-sprechen sinnlos ist !!
Sakura

Also ... stell dich mental darauf ein ...
... vielleicht mit mir zu schlafen ...
... bevor du mich mit aller Kraft abweist ...
Das ist alles, was ich von dir verlange ...
Bitte!
Stell dich nur darauf ein!

Ich habe nicht den Mut oder das Selbstvertrauen, auf Minatos Gefühle zu antworten ...
Es verlangt mir alles ab, mich angesichts dieser Gefühle, die sicher irgendwann verschwinden werden, wie ein Erwachsener zu verhalten ...
Aber ... trotzdem ...
Wenn er nur will, dass ich mich darauf einstelle ...
ドサッ
PLOFF
... werde ich ...

Ja ...
DRÜCK

Hat er mich …
… gerade gedrückt …?

Er hat mich von sich aus ...
... umarmt!
Zum ersten Mal ...
... hat er ...
Un-mög-lich!!
Echt jetzt?!

Sakura
Ich könnte heulen ...

Nagisa ist ein Name für ein Mädchen.

Es ist der Name, den meine Eltern einer Tochter geben wollten ...
11. Stunde

Mama! Ich will das!

Aber das hier ist doch auch süß!

Aah ... Mädchen haben es gut. Ich hätte auch gern einer Tochter so süße Kleidchen gekauft ...

......

Meine Mutter hat sich schon immer eine Tochter gewünscht ...

... aber zwei Jungen zur Welt gebracht ...

Mein zwei Jahre älterer Bruder ist Klassenbester, gut im Sport und meistert alles mit links; egal, was er anfasst. Er ist der ganze Stolz meiner Mutter ...

Sorry ... Das geht nicht ...
A... Ach so ...
Ich will ... geliebt werden ...
Letztens hat Nagisa Mamiya mir seine Liebe gestanden.
Echt?! Wie lustig!!
Der ist ein totales No-Go ... Er strahlt so eine negative Brillenschlangen-Aura aus!! Ein echter Loser.
Unmöglich, oder ...?!
Irgendjemand ...
Airi, was machst du mit meinem Bruder ...?

Sorry ... Es war gelogen, dass ich in dich verliebt bin, Nagisa ...
Ich bin eigentlich in deinen Bruder verliebt ...
Sie hat mich benutzt ...?!
Ich dachte, niemand würde mich jemals lieben ...
Ich liebe dich ...
Und die erste Person, bei der ich mich geliebt fühle ...
... ist ein Mann ...

Ich ... hätte besser als Mädchen geboren werden sollen ...
Als Mann bin ich wertlos ... Ich kann nichts ...
Meine Schüler nehmen mich nicht ernst, mein Gehalt ist schlecht und man kann sich nicht auf mich verlassen ...
Wäre ich ein Mädchen, dann könnte ich Minatos Gefühle aufrichtiger erwidern ...
»Ich liebe dich ...
... Mamiya ...«
Irgendwann werde ich aus diesem Traum erwachen ...
Was findet er nur an mir?

Wenn er mit mir schläft, wird er es merken ...
Aber wenn er mit mir schläft, werde ich ...
Lehrerzimmer

Ich wollte mich betrinken ...
Wenn ich versuche, Minatos Gefühle zu erwidern, meldet sich mein Komplex wieder ...
Ich frage mich, ob ich nicht besser als Frau hätte geboren werden sollen ...

SCHMERZ
Es ist wieder passiert ... Mein jährlich wiederkehrendes Depri-Trinkgelage mit mir selbst ...

うおりゃああ
UOOOOOOOOH
とりゃああ
UAAAAAAAAH!
Was ?!
Hä?
Sind die beim Sport immer so ernst bei der Sache?
Ich bin ein bisschen neidisch.
Nimm das!!
Uh!
Nein, gar nicht!! Das ist nur heu-te!!
Klassen

Gut, dass ich mich für Volleyball entschieden habe. Alle scheinen Spaß zu haben ...
Äh, nein! Das ist ja wohl offensichtlich ein Streit!!
BATSCH
Hier!
Ung ...
DOTZ
Yuta! Noch mal!!
Alles klar!!
BAMM
Hab ihn!!
SWOOSH
Aah!
Tss!

Was macht ihr denn da?! Benutzt beim Laufen mal euren Kopf!!
Ihr müsst anhand der Muskelbewegung des Gegners die Stelle kalkulieren, wo der Ball aufkommen wird!!
Wie soll das gehen ...? Das war eben doch sowieso ein Regelverstoß und zählt nicht ...
Weil du immer nur auf Yuta zielst, kriegt er jeden Ball!! Ziel gefälligst dahin, wo niemand steht!!
Ich hab meine eigenen Regeln ...
Hää?!
Hey!! Ziel nicht auf Minato, sonst gewinnen wir nicht!!
Was?! Hey!! Fair spielen, klar?!
Genau, Yuta!! Ah ... Mist!! Den nächsten Ball kriege ich!!
Dass sie so ernst bei der Sache sein können ...

Meine Schüler, die immer so lustlos sind ...
... die im Unterricht immer nur schlafen oder Quatsch machen ...
Ich habe das Gefühl, seit Minato da ist ...
... ist ein bisschen mehr Leben ins Klassenzimmer gekommen ...
Ob es sie angespornt hat, dass Minato so ein Genie ist ...?
Yuta nennt mich in letzter Zeit auch nicht mehr nur Mamiya, sondern »Herr Mamiya« ...
Klassenbuch
Hach ... Ich hatte diese Leidenschaft schon ganz vergessen. Ich war selbst so lustlos ...

Wie schön, dass die Klasse einmal als Team agiert ...
Ganz im Gegenteil!! Sie kämpfen alle für sich allein!!
Aufschlag für Team Yuta!
Der kommt schwach!!
Hey ...! Willst du etwa ...
... den Aufschlag kontern?!

Ganz genau!!
KLATSCH
BAMM
Ugh!
Match zu Ende!
BIIEP
Hey! Moment mal!! Ist das okay?! Von den Regeln her?! Schiedsrichter?!
2119
Weil wir zu neunt spielen, ist das kein Problem!!
ZWIN
Volleyball-klub →
Echt?!
Minato ist echt unglaublich ...
Er hat wohl noch nie Volleyball gespielt.
Krass!! Plant er das alles?!
Ein richtiges Monster!!

Du kannst niemals gegen mich gewinnen.
Gib nicht an!! Du hast doch nur ganz knapp gewonnen!!
Spuck ruhig große Töne, Verlierer ...
FLAFF

ZUCK
Mamiya ...
Was sagst du?! Ich war doch wohl richtig cool, oder?
Was ...?
Ich bin ein Mann, deshalb bekomm ich bei so was kein Herzklopfen ...!
Du warst beinahe zu cool, fast **nervig** ...!
Nervig?!
Was ...
KICHER
Was soll das heißen?! Was muss ich dann machen, um dich zu ...
KICHER
Das war ein Scherz!
senbuch

Es hat mich gefreut, euch alle so ernst bei der Sache zu sehen ...

Es ist so erfrischend und blendend schön, dass ich selbst meinen Mut wiederfinde.
Ich bin froh, Lehrer geworden zu sein!!
Viel zu naiv!!
Deshalb bist du noch Jungfrau ...
Ah! Ihr müsst euch langsam umziehen und auf den Unterricht vorbereiten!!
Damit beende ich die heutige Vertretungsstunde!
SEI RAN
Danke!
Irgendwie eine komische Atmosphäre ...
Minato ...

Danke, dass du alle mitgezogen hast ...
Dank dir kann sich diese Klasse vielleicht bessern ...
SEI RAI
Schon gut ... Kein Ding ...
Ich werde meinen Unterrichtsstoff in Mathematik auch noch einmal überarbeiten, sodass ihr mehr Spaß am Lernen bekommt.
Für dich wird das dann vielleicht langweilig sein ...
Mamiya, du hast deinen Traum, Astronaut zu werden, aufgegeben, um Lehrer zu werden, oder?
....
Es war von Anfang an klar, dass ich nie Astronaut werden würde ...
Aber ja ... Hätte ich es gekonnt, wäre ich gern einer geworden ...

Dann werde ich diesen Traum für dich verwirk-lichen.
Was ...?
Ich werde dich irgend-wann ins Weltall mit-nehmen!
Klassenbu

Minato ...
Klassenbuch
Ich möchte mich ändern ...
ch möchte en Mut fin-en, auf deine Gefühle zu ntworten ...

Vielleicht kann ich mich ändern ...
... denn du gibst mir das Gefühl, geliebt zu werden ...
Vielleicht kannst du mich von meinen Fesseln befreien ...
... von meinem Komplex, zu nichts gut zu sein.
Ganz langsam ...
... Schritt für Schritt ...
Wir werden heute im Unterricht ein kleines Spiel spielen!!
2 - 1
Oh?! Das ist ja ganz neu! Klingt interessant!!
... veränderst du mich ...

No.
Date
Ehrgeiz
Man hat euren Ehrgeiz richtig gespürt! Ich war beeindruckt !!

Bislang habe ich mir immer nur gewünscht, geliebt zu werden, mich dafür aber nicht angestrengt ...
RAUSCH
ザァァァ
Ich war feige und hatte Angst, verletzt zu werden ...
... und habe nicht versucht, mich mit mir selbst oder anderen Menschen ernsthaft auseinanderzusetzen.
Ich muss aufhören ...
... mich selbst zu hassen und nur von Tag zu Tag zu leben ...
Mit etwas Mut und Selbstvertrauen ...

12. Stunde
... kann ich ...
... mich ändern.

Wenn ich es nur schaffe, mir selbst zu vertrauen, wage ich vielleicht einen Schritt vorwärts ...
Endlich ist es Morgen ...
Die zwei Wochen sind vorbei ...
Suchen Sie eine neue Brille?

Ah, nein ... Ich würde gern Kontaktlinsen ausprobieren ...
Vielen Dank!
Morgen treffe ich mich mit Kyoka, Minatos Freundin.
Vielleicht werde ich dann endlich meine Jungfräulichkeit los.
Doch danach ...
Wie soll ich es schneiden?
Ähm ... Ich weiß nicht ... Sonst lasse ich mir die Haare immer irgendwie schneiden ...
Bitte machen Sie mir einen Schnitt, mit dem ich gut aussehe!!

Sie haben ein kindliches Gesicht, also würde ich den Scheitel so setzen ...

Ja ...

Sie haben feines Haar. Das können wir nutzen, um den Eindruck etwas sanfter zu machen.

Ja.

Wenn du nicht mehr Jungfrau bist, musst du mit mir schlafen !!

Ich frage mich immer noch, ob das richtig war.

Wie wird es sein, wenn ich mit einer Frau geschlafen habe ...? Das frage ich mich die ganze Zeit.

Aber dass es auch noch die Frau ist, mit der Minato seine erste Erfahrung hatte ...

Ich kann mir nicht vorstellen, was morgen passieren wird.

Was ich weiß, ist, dass ich mich irgendwie ändern werde.

Ja ...
Gut ...
Ich kann mir nicht vorstellen, was passieren wird ...
BEAMS
... mit Minato, der nicht weiß, wie man jemanden liebt, und mir, der nicht weiß, wie es ist, geliebt zu werden ...
Es gibt viele Ungewissheiten ...
... und er ist ein Mann, aber ...

...
... ich will keine Angst davor haben, mich seinen Gefühlen zu stellen ...
Ich möchte wissen ...
... was nach meiner Veränderung auf mich wartet ...
... und welche Perspektive sich mir dann bietet.
Kontaktlinsen machen die Augen trocken ...
REMPEL

Hey!! Was glaubst du, wen du da angerempelt hast?!
Hör auf ... Mir geht's gut.
E... Es tut mir leid! Ich habe nicht aufgepasst!
Hab ich ein Pech!! Die sehen nach Ärger aus!
Ach ...
Du fällst ja gar nicht mehr um, wenn du mit jemandem zusammenstößt.
Hast du trainiert?
Was?!
Wer ... Kenne ich den?
Dass wir uns hier wiedersehen ...
Diese Stimme ... Das kann nicht sein ...!
Das muss Schicksal sein, Herr Mamiya ...

H... Herr
Tsukioka
...!

Das kann nicht sein!! Warum ist er hier ...?
Da wir uns nun schon getroffen haben, könnten wir doch einen Kaffee trinken gehen?
Nein ... Ich gehe nach Hause ...
Hab nicht solche Angst!
Ich würde doch mitten in der Stadt niemals unser letztes Treffen fortsetzen ...
Erinnere mich nicht daran!!
Du zitterst ja! Wie niedlich ...
Ich darf keine Angst haben ...
Nein ...
So werde ich mein Trauma sicher nie los ...
DRÜCK
In Ordnung!

Auf einen Kaffee ...
... komme ich mit.
Ich fühle mich geehrt ...
TRAVEL CAFE
Iced Coffee
Morning Set
Er wirkt anders als früher ...
Und wer waren diese Typen bei ihm ...?
Ich arbeite derzeit in dieser Branche ...
Personal Consultant
Shintaro Tsukioka
?
Personal ... Consultant?!

So nenne ich mich offiziell ... In Wirklichkeit bin ich so etwas wie ein Trainer.
Ich trainiere Männer, die Geld von der Yakuza* geliehen haben und es nicht zurückzahlen können, damit sie Kunden annehmen können.
*jap. Mafia
Einige unserer Schüler habe ich auch schon trainiert. Ihre Eltern hatten kein Geld mehr und haben ihre Söhne verkauft.
Es gibt viele Eltern, die sich Geld von der Yakuza leihen ...
Was sagen Sie da ...?
Wenn ich als Lehrer den Eltern erzähle, dass es eine einfache Methode gibt, an Geld zu kommen, glauben sie mir sofort!
Was soll das?!
Auch wenn sie es anfangs nicht wollen, kommen sie irgendwann nicht mehr los ...
... vom Sex mit Männern ...

Du scheinst immer noch nicht mit Minato Sakura geschlafen zu haben ...
Wenn Sie das wissen, warum haben Sie mich dann damals damit erpresst?
Sie haben gesagt, dass ich Ihnen gehorchen muss, weil Sie ansonsten meine Beziehung zu Minato auffliegen lassen würden!!
......
Zwischen mir und Minato war überhaupt nichts!!
Aber Sie haben mir nicht geglaubt und der Knutschfleck sah natürlich verdächtig aus ...
Deshalb habe ich getan, was Sie wollten. Um Minato zu schützen!!

Ich wollte dich einfach haben.
Du bist jemand, der dafür geboren zu sein scheint, mit Männern zu schlafen.
Was ...
Ich merke so was. Dein Körper zieht es förmlich an ...
Du siehst so aus, als würdest du es wollen ...
Vielleicht ist es der Instinkt einer Person, die ohne irgendwelche Vorzüge auf die Welt gekommen ist.
!!
Dir fehlt es sowohl an Liebe als auch an Sex, oder?
Hätte ich dich nicht erpressen können, dann hätte ich dich mit Gewalt genommen ...

Denk mal darüber nach!
Minato, der alles hat, was man sich wünschen kann, fühlt sich zu dir, der keine Vorzüge hat, hingezogen ...
Deine schwächliche Aura zieht starke Lebewesen an. Das ist alles.
Nein ...!
Minato Sakura und ich sehen in dir genau das Gleiche.
Nein!!
Minato würde nie ...
Männer wollen es oft genug mit jemandem treiben, auch wenn keine Gefühle im Spiel sind.
Oder dachtest du etwa, es gäbe einen Grund, dich zu lieben?

Ich möchte dich an deiner empfindlichsten Stelle durchbohren.
Immer wieder ganz tief in dich eindringen ...
... und während ich deine tränenerfüllten Schreie höre, möchte ich dein Innerstes in Aufruhr versetzen.
Ah ...
Ich werde dich rannehmen, bis du bewusstlos wirst!
Und irgendwann wird deine Hüfte aus eigenen Stücken pulsieren ...
Hören Sie a...

Hören Sie bitte auf!!
Wenn du einmal Geldprobleme haben solltest, melde dich bei mir.
Ich werde dein Talent zum Vorschein bringen!

Sie werden mich nie besitzen.
Niemals !!
......
Was für ein schöner Blick. Jetzt will ich dich umso mehr ...
Ich sag es dir besser gleich ... Auch wenn du mit Minato Sakura schläfst ...
... wird es sich nicht so gut anfühlen wie mit mir!
Dein Körper wird von seiner stürmischen Jugendlichkeit bestimmt Narben davontragen ...

Hätte ich damals mit dir geschlafen ...
... wärst du sicher mein geworden ...
Dein Körper und auch dein Geist ...
Schade.
Auf Wiedersehen!
Ich zittere ...
Obwohl ich vor nichts Angst haben muss ...
Ich wollte mich doch ändern!!

Minato ...
PIEP
Minato!!
Minatos Stimme ...
Ah ... Morgen ist es so weit ...
Was machst du heute?
Ich habe mich etwas beruhigt ...
Ich war einkaufen ... Kleidung für morgen ...
Ach ... Du legst dich ja richtig ins Zeug.
Nicht wirklich ...
Was ist los? Dein Atem geht schwer ...
Was ist los, Mamiya?
!!

Es ist nichts ... Ich bin vorhin gerannt ...
Na dann ... Viel Erfolg morgen! Bis dann ...
Moment!
Minato, was magst du an mir?

Was weiß denn ich?! Idiot!!
TUUT
TUUT
TUUT
Du bist zu laut, Bur-sche!!
Das Handy muss im Bus aus-gestellt werden !!
S... Sorry ...
Ich musste da range-hen ...

URR
SURR
Mina-to?!
Ja ...?
Dein Lächeln ...

Und deine Liebenswürdigkeit ...
... deine Aufrichtigkeit ...
... deine Ernsthaftigkeit ...
BRUMM
... dass du unerwartet viel Willensstärke besitzt ...
... was noch ...?
Dass du sexy wirst, wenn du betrunken bist!! Das war's!!
KLACK
Wieso will er das so plötzlich wissen?!
Hä?! Wo bin ich hier überhaupt?!

Danke ...

No.
Date
Ich fühle mich geehrt ...

SHIBUYA
Ähm ... Bist du vielleicht Nagisa Mamiya?
Freut mich! Ich bin Kyoka Ioka!

13. Stunde

F... Freut mich auch!! Ich bin Nagisa Mamiya!
Danke, dass wir uns heute treffen können!!
Danke dir, Nagisa!!
Sie ist bildhübsch!!
Wie könnte sich so jemand mit mir abgeben ...
Unmöglich!! Es ist aussichtslos!!
HAH
KLATSCH
KLATSCH
Nein!! Ich bin schon wieder zu negativ!!
Wollen wir erst mal einen Kaffee trinken?

Wir haben Glück mit dem Wetter ...
Ja, stimmt!
RADILEE
Ich bin ganz nervös ...
Es ist lange her, dass ich einer so schönen Frau gegenübergesessen habe ...
Minato hat mit ihr ...
Du, Nagisa ... Ich frage dich einfach ganz direkt ...

Willst du wirklich deine Jungfräulichkeit aufgeben?
PRUST
Ah ... Sorry, war das zu direkt?
HUST
HUST
N... Nein ... Entschuldigung ...
Also, wegen dieser Sache ...
Es ist jetzt so überstürzt zu diesem Treffen gekommen ...
... aber ich denke, dass es am besten ist, wenn es natürlich passiert ...
?
Deshalb machen Sie sich bitte kein Gedanken
Ich bin schon glücklich genug, dass sich eine schöne Frau wie Sie überhaupt mit mir trifft.
....

Das hab ich verstanden, aber warum siezt du mich die ganze Zeit?
Weil Sie viel mehr Achtung verdienen als ich ...
Bist du bei anderen auch so?
Ja ...
Nagisa, hast du vielleicht einen sehr intelligenten Bruder?
Oh je ...
Was?
Und deine Eltern wollten ein Mädchen, also haben sie dich Nagisa genannt, oder?
Woher ... wissen Sie das?

Ich bin Psychologin ...
Bei Menschen ohne Selbstvertrauen ist das ein übliches Muster!
Ich dachte mir, dass es bei dir möglicherweise an der Familiensituation liegt ...
Und du hast überhaupt kein Glück bei den Frauen, oder?
SCHOCK
Ja ...
Kyoka hat mich durchschaut ...
Jetzt ist sie sicher enttäuscht und will nicht weiter ...
Das kommt nur, weil du dich immer bloß mit jungen Dingern abgibst !!
Was ...?
Such dir lieber eine ältere Frau wie mich. Ich kann dir viel beibringen!
Du hast viel Entwicklungspotenzial!

Ich mag Jungen wie dich sehr gern!
Da... Danke!
Das höre ch zum ersten Mal!!
Ich weiß nicht, wie ich ihrem Blick begegnen soll!!
Entschuldigung ... Ich muss kurz zur Toilette ...
Wie süß ...
SURR

Mina-to ...
Was für ein Timing, Nagisa ist gerade aufgestanden ... Als hättest du uns beobachtet ...
Diese Frau kann man wirklich nicht hinters Licht führen ...
......
Und, was hältst du von ihm?
Er ist schwächlich und unsicher und sein einziger Vorzug ist seine Jungfräulichkeit, richtig?
Er ist total mein Typ!!
Was ...
Hä?!
Er ist irgendwie noch so unschuldig, das mag ich!!

Man möchte ihn beflecken und ganz wild machen ...
... ihm alles beibringen und ihn sowohl körperlich als auch geistig zu einem richtigen Mann machen!!
Hey! Moment mal!!
Du warst von vornherein nicht wirklich mein Typ, Minato.
Du warst zwar noch Jungfrau, warst aber trotzdem gut beim Sex.
Es gab keinen Raum für Entwicklung mehr. Total öde!
Wieso muss ich mir das jetzt noch anhören?!
Aber sag mal, Minato …

Du bist in Nagisa verliebt, oder?
Es stimmt, dass ich mich bislang nie in eine ältere Frau verliebt habe.
Ich wollte das Mädchen beschützen können ...
... und auch beim Sex der dominante Part sein!!
Ich hatte Angst, dass sie sich nur über mich lustig macht ...
Aber ...
... vielleicht ist es gar nicht schlecht, mich von einer Frau führen zu lassen ...

Er hat sich seit heute Morgen nicht gemeldet ...
PIEP
Ob er sich gar keine Gedanken macht ...?
Ich ...
Oh! Sorry, Nagisa kommt zurück. Ich leg auf!
PIEP
Minato ...
Mein Herz ist so ver-wirrt ...
Hey, Moment !!
?
DUCK
Es kommt mir vor, als hätte ich Mi-natos Stimme gehört ...

War wohl nur Einbildung ...
......
Tut mir leid, dass es länger gedauert hat ...
Wollen wir langsam gehen?
Ich möchte Ihnen etwas zeigen!
Ach ... In diesem Gebäude gibt es oben ein Planetarium?
Ja ... Es ist klein und nicht besonders modern, aber ich liebe es.
Es sind immer viele Kinder da, aber die griechischen Sagen sind interessant ...
Minato mochte solche Sachen mit Sternen auch gern.
Psst! Nicht hingucken!!
Mama, da ist ein komischer Mann!

Planetarium Einl
Minato mag dieses Planetarium nicht ...
Er meint, die griechischen Sagen seien zu kindisch ...
Er ist schlau, deshalb sind für ihn astronomische Erklärungen interessanter.
Minato ist doch viel kindischer als er.
Zwei Erwachsene bitte.
Planeta
Welches Sternzeichen sind Sie, Kyoka?
Ich bin Löwe.
Löwen sind oft wie die Sonne!
Kyaah! Wie süß!
Und was bist du?
Ich bin Widder.

Ein Widder mit goldenem Fell rettete zwei Kinder davor, geopfert zu werden, und trug sie auf seinem Rücken davon. Doch da er so schnell lief, fiel eines der Kinder herunter.
Ich schaue auch immer zurück ...
Das ist nicht gut!! Von nun an musst du nach vorn schauen!!
Ja ...
Deshalb wendet der Widder im Sternbild seinen Kopf in Reue nach hinten ...
Aah! Er ist so aufrichtig, dass ich ihn gern hier und jetzt vernaschen würde!!

Was macht Kyoka denn da?!
PIEP
Was ist los? Du schaust seit vorhin immerzu auf dein Handy ...
Wartest du auf eine Nachricht von jemandem?
Ah ... Nein, es ist nichts. Entschuldigung.
Die Vorstellung fängt nun an.
Minato ... Er meldet sich einfach nicht.
Was er wohl gerade macht ...?
Was ...
... mache ich hier eigentlich ...?

Die griechischen Sagen waren alle so gut verständlich! Das hat richtig Spaß gemacht!!
Es freut mich, dass es Ihnen gefallen hat.
PRASSEL
Als Nächstes ...
Uwah! Was für ein Unwetter! Heute Morgen war es doch noch so klar!
Und es ist richtig kalt!
Es soll heute vielleicht schneien!
Ernsthaft?! Das wusste ich nicht!!
Was machen wir jetzt nur ...

Wollen wir in ein ... Hotel?
Ja ...

14. Stunde

PRASSEL
ザァァァ
Jetzt sind wir im Hotel gelandet ... Was mach ich nur ...?!
Ich weiß nicht, wie ich mich verhalten muss ...
Tut mir leid, ich mag Love Hotels einfach nicht ...
Jetzt müssen wir das Geld für eine ganze Nacht zahlen ...
Kein Problem ... Ich habe keine Vorlieben oder so ...
Danke schön!

Du brauchst nicht nervös zu sein. Es kommt alles auf die Stimmung an ...
Ja ...
Sag mal, Nagisa ... Was hältst du eigentlich von Minato?
Was ich von ihm halte ...?
Ich meine, wie findest du ihn ...?
Er ist das genaue Gegenteil von mir ...
Er kann alles und hat alles und weiß, wie er seine eigene Meinung ausdrücken kann ...
Er ist auch irgendwie kindisch, aber dabei aufrichtig und direkt ...
Bist du denn nicht aufrichtig?
Ich bin ziemlich verschroben!
Ähm ... Wie wirkt Minato denn auf Sie, Kyoka?

Ich hatte bei ihm das Gefühl, nur als Ersatz herzuhalten ...
Hm ... Man denkt es nicht, aber er ist sehr treu ...
Er ist ein Junge, der seine erste große Liebe immer noch nicht vergessen kann.
Wissen Sie, wer seine erste große Liebe war, Kyoka?
ZUCK
Keine Ahnung! Aber ich bin mir sicher, sie ist total durchschnittlich!!
Der arme Minato ... Er ist wohl immer noch unglücklich in sie verliebt ...!
Ach ...

Ob sie nicht glauben kann, dass ein solcher Überflieger wie Minato in sie verliebt ist?
Sie denkt sicher, dass es nur etwas Vorübergehendes ist oder die Laune eines Genies ...
Es wäre schön, wenn sie so jemand wäre wie du, Nagisa. Jemand, der Minato versteht ...
Vielleicht mag sie Minato auch einfach nicht ...
Das glaube ich nicht!!
Was ?
Ah ...

Ähm ... Ich kenne Minatos erste Liebe und sie hat so etwas nie gesagt ...
Es scheint irgendwelche tiefer liegenden Probleme zu geben ...
Hmm ...
TOCK
Dann richte ihr von mir etwas aus!
Man lebt nur einmal, also soll sie es einfach mal auf sich zukommen lassen!
....
Ah ... Mir ist kalt. Ich nehme eine warme Dusche, ja?
J... Ja ...
KLACK
Es einfach auf sich zukommen lassen ...

Das sagt Kyoka nur, weil sie nicht weiß, dass ich Minatos erste Liebe bin ...
Komisch ... Es ist jetzt wirklich nicht der richtige Moment, aber ...
... ich möchte ...
... Minato sehen ...
Immer noch keine Nachricht und kein Anruf von ihm ...
Warum geht er mir nicht aus dem Kopf?
Nein, es geht mir nicht aus dem Kopf, dass Minato sich nicht meldet.
Er muss doch an mich denken!!
Er ist doch in mich verliebt ...
Wenn er mich liebt ...
Wenn er mich liebt, dann ...?!

Kyoka, entschuldigen Sie bitte. Es gibt da etwas, das ich überprüfen muss! Ich gehe kurz raus, komme aber gleich zurück!!
Was ?!
KNALL
Ich dachte, ich wüsste, wie es ist, verliebt zu sein. Warum habe ich es dann nicht verstanden?!
Also wirklich ... Da hat sich Minato aber in einen naiven Jungen verliebt ...
FLAPP

FRONT
CASHIER
STAFF ROOM
Nur weil er sich nicht gemeldet hat, heißt das nicht, dass er sich keine Sorgen gemacht hätte.
Er hat sich bestimmt gefragt, was Kyoka und ich wohl gerade machen und über was wir reden ...
Es hat ihn sicher ...
... so sehr beschäftigt ...
... dass er ...

Minato ...

Minato !!

Minato, du bist es doch, oder?!

Dich hat das alles so beschäftigt, dass du mir seit heute Morgen gefolgt bist, oder?
Nein! Das ist Zufall!!
Ich bin zufällig vorbeigekommen und du hast mich angesprochen ...
Dann ist es eben Zufall!!
Lass uns jedenfalls reingehen! Sonst erkältest du dich!!
Schon gut! Kümmer dich nicht um mich !!
Jetzt sei nicht so stur und komm mit rein!!

Ich er-
kläre es
Kyoka!!
……
Kyoka,
es tut
mir
leid!!
Mina-
to war
drau-
ßen …
… und
ich habe
ihn mit-
gebracht
…
Kyo-
ka?
Ist sie
gegan-
gen?
Ich
weiß
nicht
…

Komm schon! Was starrst du so in die Luft?!
......
Ich werde mich bei Kyo-ka melden, al-so geh schnell unter die Dusche!
Wieso bist du überhaupt so durch-nässt?!
Du hättest doch einen Regenschirm benutzen können!!
Ich ...

Warum macht er so ein Gesicht ...?
KLACK
Wärm dich unter der warmen Dusche auf!

Ich war überrascht ...
... oder besser gesagt aufgeregt ...
Diesen Gesichtsausdruck habe ich bei Minato zum ersten Mal gesehen ...
Meine Brust hat sich irgendwie zusammengezogen ...
Genau!! Ich muss mich bei Kyoka melden!!
Ah ... Eine Nachricht.
Morgen schneit es vielleicht, deshalb geh ich schon mal nach Hause!! Lass uns doch mal wieder was essen gehen! ☺
Sie ist echt gegangen?!
Das heißt also ...

Ich bin mit Minato allein im Hotelzimmer ...

Mamiya, ich muss dich was fragen ...

ドキッ

ZUCK

Mi... Minato!! Bist du schon fertig mit duschen?!

Nein ... Mache ich jetzt gleich ...

Hast du's mit Kyoka getan?

!!

Ah ...
Ach so ...
Ja ...
Dann ... mach dich bereit!

Warum habe ich jetzt gelogen?!
Warum habe ich gesagt, wir hätten miteinander geschlafen ...?!
Obwohl gar nichts war!!
Aah ... Das war sicher mein Stolz ... Ich wollte nicht zugeben, dass sie gegangen ist ...
... und dass ich immer noch Jungfrau bin ...
Genau ... Das muss es sein!!

Ganz bestimmt nicht ...
... weil ich mit Minato schlafen will!!
RAUSCH
....
Mist!!
BAMM

KLINGELING

KLINGELING

Was ist, Kyoka?

Wenn du mir vom Sex mit Mamiya erzählen willst, will ich's nicht hören ...

Was ?!

Ich habe Minato versprochen ...

... mich mental darauf einzustellen, mit ihm zu schlafen ...

Also ... stell dich mental darauf ein ...

... vielleicht mit mir zu schlafen ...

Stell dich nur drauf ein!!

Er wird mir nicht glauben, wenn ich ihm jetzt sage, dass mit Kyoka gar nichts war ...

Deshalb stelle ich mich darauf ein ...
... dass ich jetzt vielleicht mit Minato schlafe ...
KLACK
Ma-miya ...
Mich ein-stellen ...
Ich muss ...
Uwah!! Er ist fertig!!
RUCK
Ich bereue es, dir gesagt zu haben, dass ich mit dir schlafe, wenn du keine Jungfrau mehr bist ...

Ich verstehe dich ... Wenn man mit einer bezaubernden Frau wie Kyoka sein erstes Mal hatte, muss es schwer sein, sie zu vergessen.
Das ist es nicht!!
Ich hatte Angst, dass Kyoka dich mir wegnimmt!!
Was?
Was ...
Ich war total wütend, als ich dich und Kyoka so fröhlich zusammen gesehen habe ...
Ich bin bei der Vorstellung, dass du mit ihr schlafen würdest, fast verrückt geworden ...

Ich wollte unbedingt mit dir schlafen und bin ohne zu denken vorgeprescht, aber als mein Herz begriffen hat, was passieren könnte, habe ich einen Schock bekommen!!
Das hat mir gezeigt, dass ich dich liebe!!
Das hättest du mir doch vorher sagen können!!
Du bist doch Lehrer, oder? Du weißt doch, wie es ist, verliebt zu sein?!
A… Aber … du hast mir damals doch gar nicht zugehört!
Jetzt höre ich zu, also sag es mir!!
ZIEH

Warum hast du gelogen und gesagt, du hättest mit Kyoka geschlafen ...?
!!
Du hast es von Kyoka gehört ...
Ah ... Ich war sicher zu stolz ...
Obwohl du wusstest, dass ich mit dir schlafen würde?
Stimmt ... Warum ...

Das frage ich dich, Idiot!! Weich mir nicht aus!!
Idiot ...
Ich weiß wirklich nicht, warum ich gelogen habe!!
Hm? Ist er jetzt sauer ...?
Du bist doch erwachsen! Du hast selbst gesagt, dass du dich besser in Liebesdingen auskennst!
Dir tut es doch auch leid, dass du im Eifer des Gefechts Dinge gesagt hast, die du danach bereut hast! Also dräng mich nicht so in die Ecke!!
....
Ich bin einfach unsicher.
So viele Dinge sind neu für mich ...

Ich wurde noch nie von jemandem geliebt. Und dann bist es auch noch du ...
Ich tappe mit meinen Gefühlen Tag für Tag im Dunkeln!
Sag du mir doch, was das für ein Gefühl ist!!
Und warum ich gelogen habe!!
Als ich herausgefunden habe, dass du mir heute gefolgt bist, habe ich mich ehrlich gesagt gefreut!!
Ich habe mich geliebt gefühlt ...
Aber je mehr ich das merke, desto weniger verstehe ich meine eigenen Gefühle.
Sag es mir bitte ...
Fühlt man sich immer so, wenn man von jemandem geliebt wird?

Selbst wenn es sich um einen Mann handelt ?!
Selbst wenn es der eigene Schüler ist?!
Fühlt man ...
... sich immer ...
Mamiya ...

Du hast gerade die Augen geschlossen, ohne dich zu wehren ...
Ist das nicht die Antwort?
Mann ...

Mit Worten kann man es nicht verste-hen!
Verstehe ich es denn dann ...
mit meinem Körper?
Minato ...
Fortsetzung folgt

Die
Unschuld
des
Lehrers

Pubertäres Kopfkino

Ich liebe Nagisa Mamiya ...

Mamiya!!

... dass einiges in mir explodiert ...

Mamiya ...

Hah
Hah

Mamiya ...!

Hah
Hah

Mmh!
Wie lange muss ich wohl noch dieses Dasein fristen ...?

Warum ist er ein Mann ...? Warum ist er mein Lehrer ...?!
Nagisa Mamiya!!
J... Ja!!
Ah ... Ähm ...
Ich weiß es nicht.
Wäre er doch bloß ein Mädchen ... Nein, das wäre dann nicht mehr Mamiya!!
Wäre er doch bloß kein Lehrer ...
Was? Ich gebe dir Privatunterricht und du sagst, du weißt es nicht?!
Bereitest du dich auf den Unterricht auch richtig vor?!
Beantworte die nächste Frage!
Theorem benutzen.

Wenn du es das nächste Mal wieder nicht weißt, wirst du bestraft!
Ver-stan-den?!
Dann will ich es nächstes Mal wieder nicht wissen ...
Was ...?!
Was willst du damit sagen, Mamiya ...?

Ich möchte von Ihnen bestraft werden, Herr Lehrer!!
Ma... Mamiya!!
Du bist echt ein frecher Schüler ...
Herr Sakura ...
Aah!! Das ist gut!!
Das ist eine gute Situation!!
Hol ich mir noch einen runter?
Das pubertäre Kopfkino kennt keine Grenzen ...

Minato Sakura

Größe: 1,81 Meter
Seiran Highschool: Klasse 2 - 1
Gewicht: 72 Kilo
Alter: 17
Herkunftsort: Yokohama (Präfektur Kanagawa)
Hobbys: Udon* und Curry essen
Geburtstag: 3. November
Blutgruppe: B
Familie: Mutter
Lieblingswort: Revolution
Lieblingsessen: Nudeln, Curry
Lieblingsgetränk: Coca-Cola
Kann besonders gut: Vieles
Mag an einer Frau: Große Brüste
Lieblingsort: überall, wo man Sterne sehen kann
Lieblingsmarke: Abercrombie
Vorbild: Er selbst
Da würde er gerne mal hin: Mamiyas Zimmer
Lieblingsfarbe: Schwarz
Qualifikationen: Nichts Besonderes, spricht aber ca. fünf Sprachen
Hasst: Idioten
Lieblingstätigkeit: Erotische Dinge
Möchte dem Lehrer gern sagen: Mach keine Fehler bei der Formel!
Wäscht er im Bad als Erstes: Das Gesicht
Haustier, das er gern hätte: Hase
Wenn er ein Tier wäre, wäre er: Wolf
Zukunftstraum: Astronaut werden
Lieblingsfach: Mathe
Lieblingssport: Kann alles
Klub, in den er gern eintreten würde: Schwimmklub
Verbringt die Mittagspause mit: Schlafen
Verwendet sein Taschengeld für: Essen
Wünscht sich: Mamiya und ein Teleskop

Außerdem:
Sein IQ beträgt fast 200, ihm fehlt es an gesundem Menschenverstand, er lässt sich nicht leicht beeindrucken, er kennt die Namen fast aller mit dem Auge sichtbaren Sterne (ca. 4000)

*dicke Weizennudeln

TOKYOPOP GmbH
Hamburg

TOKYOPOP
2. Auflage, 2017
Deutsche Ausgabe/German Edition

Aus dem Japanischen von Luise Steggewentz

KYOSHI NO JUNJO SEITO NO YOKUBO

First published in Japan in 2013
by SHUEISHA Inc., Tokyo.
German translation rights in Germany, Austria
and German-speaking Switzerland arranged
by SHUEISHA Inc. through VIZ Media Europe, SARL, France.

Redaktion: Alexandra Schöner
Lettering: Vibrraant Publishing Studio
Herstellung: Sonja Fehlmann
Druck und buchbinderische Verarbeitung:
CPI–Clausen & Bosse GmbH, Leck
Printed in Germany

ISBN 978-3-8420-2381-9

www.tokyopop.de